www.littlefotografie.de

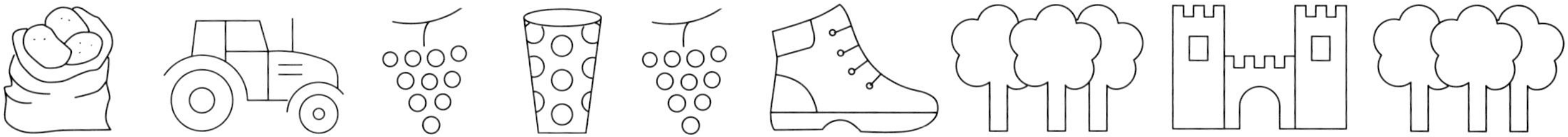

Die eigene Heimat neu entdeckt

Malerische Weinfelder, idyllische Weinfeste und ein leckeres Lewwerworschte-Brot mit Gürkchen. All das stand für mich während der 19 Jahre, in denen ich an der Pfälzer Weinstraße im Ort Edenkoben aufwuchs, für meine Heimat.

Doch dann zog mich die Stadt Mannheim in ihren Bann und ich begann, die Quadratestadt im Rahmen meines ersten Buchprojekts „Little Mannheim“ mit meinen kleinen Figuren ausgiebig zu erkunden.

Fünf Jahre später realisierte ich, dass ich die Großstadt inzwischen besser kannte als meine pfälzische Heimat.
Um dies zu ändern, recherchierte ich im Internet, studierte unzählige Reiseführer und besorgte mir eine 2x1 Meter große Landkarte der Pfalz, die ich als Orientierungshilfe in meiner Wohnung aufhängte. Es folgten umfangreiche Wanderungen durch den Pfälzerwald und kilometerlange Fahrradtouren, die mich quer durch die Vorderpfalz führten. Dabei wurde mir schnell klar, dass die Pfalz neben der Weinstraße noch viel mehr Sehenswertes zu bieten hat.

Ich war beeindruckt von den bizarren Felsformationen, den historischen Burgen, den endlosen Wanderwegen, den stillen Woogen, den fruchtbaren Feldern und den eindrucksvollen Aussichten. Mit im Gepäck hatte ich stets einen Notizblock, auf dem ich meine aufkommenden Ideen für die Miniaturszenen spontan festhalten konnte. Oft besuchte ich die Orte zwei- oder sogar dreimal, um die Szene perfekt inszenieren und ablichten zu können. Sobald ein Motiv erfolgreich aufgenommen wurde, markierte ich den jeweiligen Aufnahmeort auf meiner überdimensionalen Karte mit einem kleinen Fähnchen. So erkundete ich nach und nach mit Notizblock, Spiegelreflexkamera und den H0-Figuren die komplette Pfalz.

Das Ergebnis meiner Erkundungen hältst Du nun in Form eines Buches in deinen Händen. Es ermöglicht Dir, die vielfältige Pfalz aus ganz besonderen Perspektiven neu zu entdecken.

Ich wünsche Dir viel Spaß mit meiner persönlichen Hommage an die Heimat.

Dein Pälzer Bu Benedikt Hild

Fotostandorte der Miniaturszenen

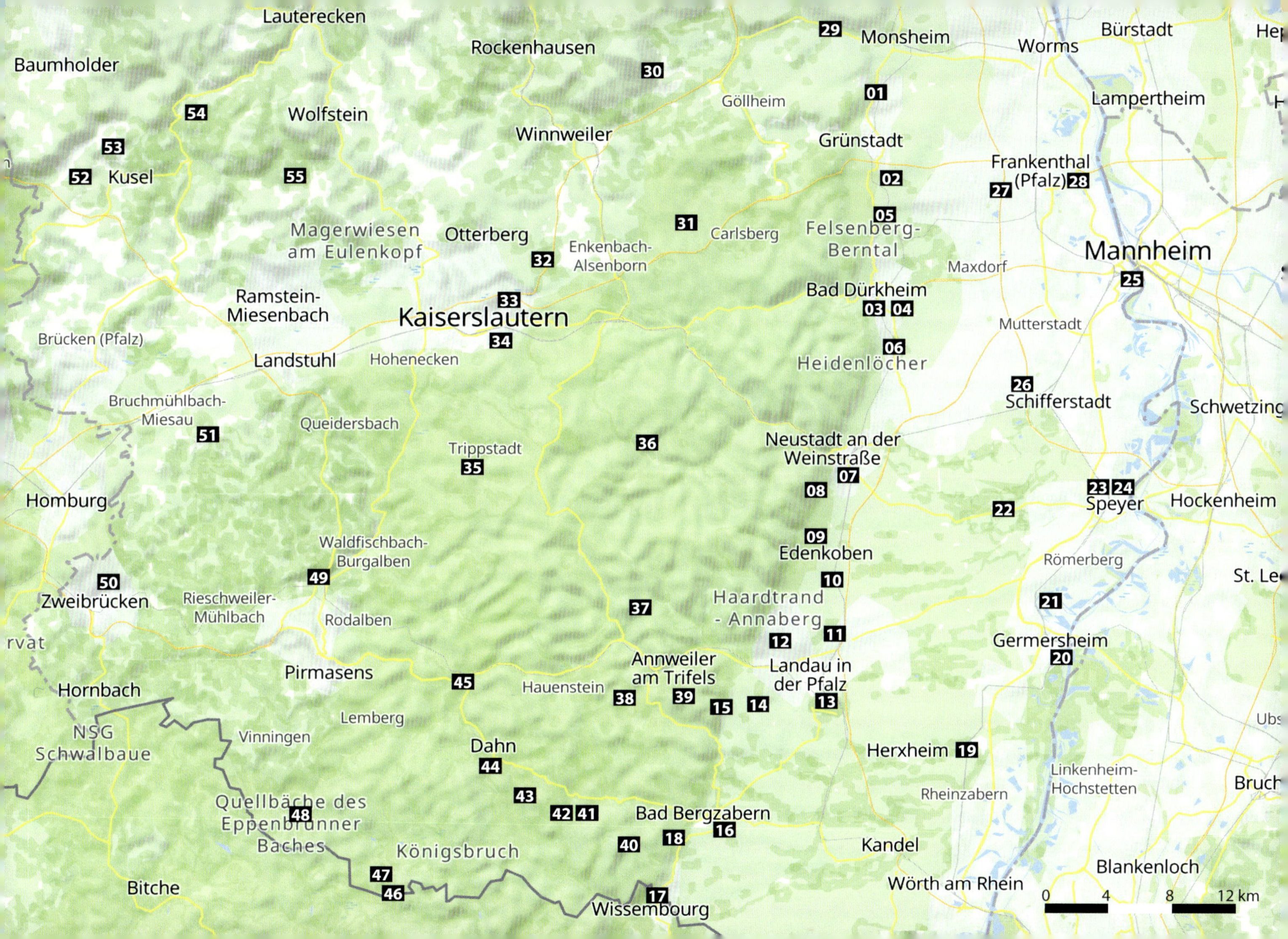
Lauterecken
Rockenhausen
Monsheim
Worms
Bürstadt
Baumholder
Wolfstein
Winnweiler
Göllheim
Grünstadt
Lampertheim
Kusel
Frankenthal (Pfalz)
Magerwiesen am Eulenkopf
Otterberg
Enkenbach-Alsenborn
Carlsberg
Felsenberg-Berntal
Maxdorf
Mannheim
Ramstein-Miesenbach
Kaiserslautern
Bad Dürkheim
Mutterstadt
Brücken (Pfalz)
Landstuhl
Hohenecken
Heidenlöcher
Schifferstadt
Bruchmühlbach-Miesau
Queidersbach
Trippstadt
Neustadt an der Weinstraße
Homburg
Speyer
Hockenheim
Waldfischbach-Burgalben
Edenkoben
Römerberg
Zweibrücken
Rieschweiler-Mühlbach
Rodalben
Haardtrand - Annaberg
Germersheim
Pirmasens
Hauenstein
Annweiler am Trifels
Landau in der Pfalz
Hornbach
Lemberg
NSG Schwalbaue
Vinningen
Dahn
Herxheim
Linkenheim-Hochstetten
Rheinzabern
Quellbäche des Eppenbrunner Baches
Königsbruch
Bad Bergzabern
Kandel
Blankenloch
Bitche
Wörth am Rhein
Wissembourg
0 4 8 12 km
01 02 03 04 05 06 07 08 09 10 11 12 13 14 15 16 17 18 19 20 21 22 23 24 25 26 27 28 29 30 31 32 33 34 35 36 37 38 39 40 41 42 43 44 45 46 47 48 49 50 51 52 53 54 55

LITTLE PFALZ

Schnapp dir einen guten Pfälzer Wein und
tauche ein in die Welt der Winzlinge!

Bist Du bereit?

1 **BIENENHELFER** • Mandelpfad Bockenheim an der Weinstraße

2 URLAUB AN DER WEINSTRASSE • Kirchheim an der Weinstraße

3 **WEINKORKENTRÄGER** • Riesenfass Bad Dürkheim

Die Motorradversammlung

Das Dürkheimer Riesenfass ist mit einem Fassungsvermögen von 1,7 Millionen Litern das größte Weinfass der Welt. Es befindet sich auf dem Gelände des Wurstmarktes, der alljährlich im September stattfindet und als größtes Weinfest der Welt gilt.

Über 330.000 Liter Wein werden jedes Jahr auf dem Wurstmarkt ausgeschenkt. Somit könnte das Fass mit seinem Füllvolumen den Weinbedarf dieses Festes mehr als fünf Jahre lang decken. Es wird jedoch nicht zur Lagerung von Wein genutzt, sondern beherbergt ein Restaurant.

Während ich meine Szenerie mit den Weinkorken aufbaute, parkten Dutzende von Motorradfahrern ihre Bikes vor dem Fass – meinem geplanten Motiv -, um sich dort für eine Tour durch den Pfälzerwald zu treffen. Kurz vor deren Abfahrt wurde ich dann noch prompt als Fotograf eingespannt, um ein Gruppenbild von den motivierten Bikern zu machen. Nachdem sie dann in Richtung Pfälzer Wald aufgebrochen waren, konnte ich mich wieder voll auf mein ursprüngliches Motiv konzentrieren.

WEINWERKE

4 GUT FÜR DIE HAUT • Saline Bad Dürkheim

Der Haifischzahn-Suchtrupp

In der Pfalz floss vor Hunderten von Millionen Jahren ein Meer, das von Freiburg bis nach Alzey reichte. Es war ein Warmmeer mit Haien, Seekühen und allerlei anderem Getier. Noch heute kann man an einigen Stellen die tertiären Kalksteinfelsen sehen. Auch die Felsen im Berntal sind quasi die Riffe, Korallenbänke und Klippen des Urmeeres.

So hatte mir auch meine Mutter begeistert erzählt, dass sie als Kind mit Freunden am Rande des Pfälzerwaldes des Öfteren nach Haifischzähnen suchte. Die selbsternannte „Haifischzahn-Suchtruppe“ zog insbesondere dann los, wenn die Landwirte ihre Felder umgruben, denn dann war die Erfolgsquote am höchsten, tatsächlich Relikte aus dem Urmeer zu finden.

6 **AUSWEIS BITTE** • Rathaus Deidesheim

WINECLUB

7 **STADTBAD** • Königsbrunnen Neustadt an der Weinstraße

8 **SCHWARZ ROT GOLD** • Hambacher Schloss

Die Deutschlandfahne

Zur Demonstration für demokratische und nationale Ziele, fand Ende Mai 1832 das Hambacher Fest statt. Erstmals wurde anlässlich dieses Ereignisses eine Fahne mit schwarz-rot-goldenen Querbalken gezeigt.

Das Original mit der Aufschrift „Deutschland Wiedergeburt“ wird im Hambacher Schloss aufbewahrt und kann dort besichtigt werden.

Die in der Miniaturszene auf der Staffelei gemalte Deutschlandfahne ist mit 2x3 cm das kleinste Acrylbild, welches ich je geschaffen habe. Ehrlich gesagt aber auch das Erste.

9 **SCHORLEJUMP** • Villastraße Edenkoben

10 **PFÄLZER INFRASTRUKTUR** • L516 bei Edesheim

BAUPROJEKT:
Bau einer Schorlepipeline
Landau <> Neustadt

11 WINGERTAKROBATIN • Walsheim

12 ÖLGIER • Landau in der Pfalz

Das schwarze Gold

In der Peripherie der Stadt Landau sind einige sogenannte „Pferdeköpfe“ zu finden, welche sich am Landauer Ölfeld bedienen.
Dort werden jährlich 162 Millionen Liter Öl gefördert. Im Gegensatz dazu werden in der Pfalz 250 Millionen Liter Wein produziert.
Um es gleich vorweg zu nehmen: Zweifellos bevorzugen die Pfälzer die berauschende Flüssigkeit gegenüber dem schwarzen Gold.

Für den auf der Fotografie inszenierten schwarzen Öl-Strahl grub ich einen kleinen Schlauch in den Boden, welchen ich dann mit schwarzer Lebensmittelfarbe füllte und aufsprudeln ließ. Leider war es sehr schwierig, sich zeitgleich sowohl auf den Sprudelstrahl als auch auf das Fotografieren zu konzentrieren. Glücklicherweise hielt ein interessierter Radfahrer an, den ich kurzerhand als Fotoassistenten bei dieser Szene mit einband.

17 PORTE DE LA FRANCE • Wissembourg

Die Kaffeebestellung

Wissembourg liegt doch gar nicht in der Pfalz! Das stimmt zwar, aber ein Abstecher ins angrenzende französische Elsass lohnt sich. Außerdem konnte ich beim Besuch für diese Szene endlich mal wieder mein dreijähriges Schulfranzösisch anwenden. Nach dem Fotografieren belohnte ich mich mit einem Heißgetränk und bestellte ganz stolz auf Französisch einen Kaffee mit Milch und ohne Zucker. Während ich den servierten Kaffee mit viel Zucker und ohne Milch trank, wurde mir klar, dass ich wohl noch ein wenig an meiner Aussprache feilen sollte.

18 RÜCKBLICK • Historisches Rathaus Dörrenbach

19 EIN HAUFEN ARBEIT • Herxheimweyher

Der Tabak-Opa

Noch bevor ich meine mitgebrachten H0-Figuren in Szene setzen konnte, tauchte ein neugieriger 84-jähriger Pfälzer aus einer Tabakscheune auf.

Der Mann verriet mir, dass er früher als Tabakbauer tätig gewesen war und die Scheune 1967 mit seinem Vater errichtet hatte. Noch bis 2010 wurden hier Tabakblätter für die Zigarrenherstellung getrocknet.
Heute wird das Dach seiner Scheune, das mit Photovoltaik ausgestattet ist, lediglich zur Stromerzeugung genutzt. Auf dem angrenzenden Grundstück baut der Tabak-Opa Gemüse an und hütet seine Hühner. Er nennt es seine „kleine Oase“ und verbringt hier sehr gerne seine Zeit.

Während ich fotografierte, schaute er mir aufmerksam zu und beobachtete interessiert jede einzelne meiner Bewegungen. Ehe ich weiterzog, gab er mir noch ein paar frisch gelegte Eier seiner Hühner mit auf den Weg.

FEUERWEHR
FEUERWEHR

21 KENNT JEMAND DEN WEG? • Altrhein Lingenfeld

Der Pfälzer Jakobsweg

Durch die Pfalz verläuft ein Teil des umfangreichen Netzes der historischen Pilgerwege. Entlang der beiden Hauptrouten im Norden und im Süden lernen die Pilger die vielfältige Schönheit der Pfälzer Landschaft kennen.

Bei der Entdeckungstour durch meine Heimat kam ich auch mit einem Einheimischen ins Gespräch, dessen Haus direkt am Jakobsweg liegt. Als ich ihn auf den Pilgerweg ansprach, sagte er nur:
„Ach, die vorbeilaufenden Wanderer sind vollgepackt wie Esel und wenn ich mir die anschaue, wie fertig die sind, das würde ich mir nicht antun."

Pfälzer Jakobsweg

22 HARTE ARBEIT BIS ZUM FERTIGEN MEHL • Aumühle Haßloch

23 **DIE GOLDENE LEBERWURST** • Historisches Museum der Pfalz Speyer

Lufthansa
LUFTHANSA
MUSEUM
SPEYER

Lufthansa

Der Pfälzer Kurzfilm

Die Parkinsel in Ludwigshafen ist Austragungsort für das Festival des deutschen Films, bei dem auch der Deutsche Filmkunstpreis verliehen wird.

Mit meinen besten Freunden habe ich kurz vor dem Abitur ebenfalls einen kurzen Film gedreht, der auf humorvolle Art und Weise einen typischen Pfälzer Alltag darstellt. Unser Ziel war es, die Pfalz und ihre Kultur ein Stück weit bekannter zu machen.

Der daraus entstandene 7-Minuten-Film „Normal Pfälzer Day" lief zwar nie beim Ludwigshafener Filmfestival, wurde aber mit dem Bürgermedienpreis des Landes Rheinland-Pfalz ausgezeichnet und ist heute noch auf der Videoplattform Youtube zu finden.

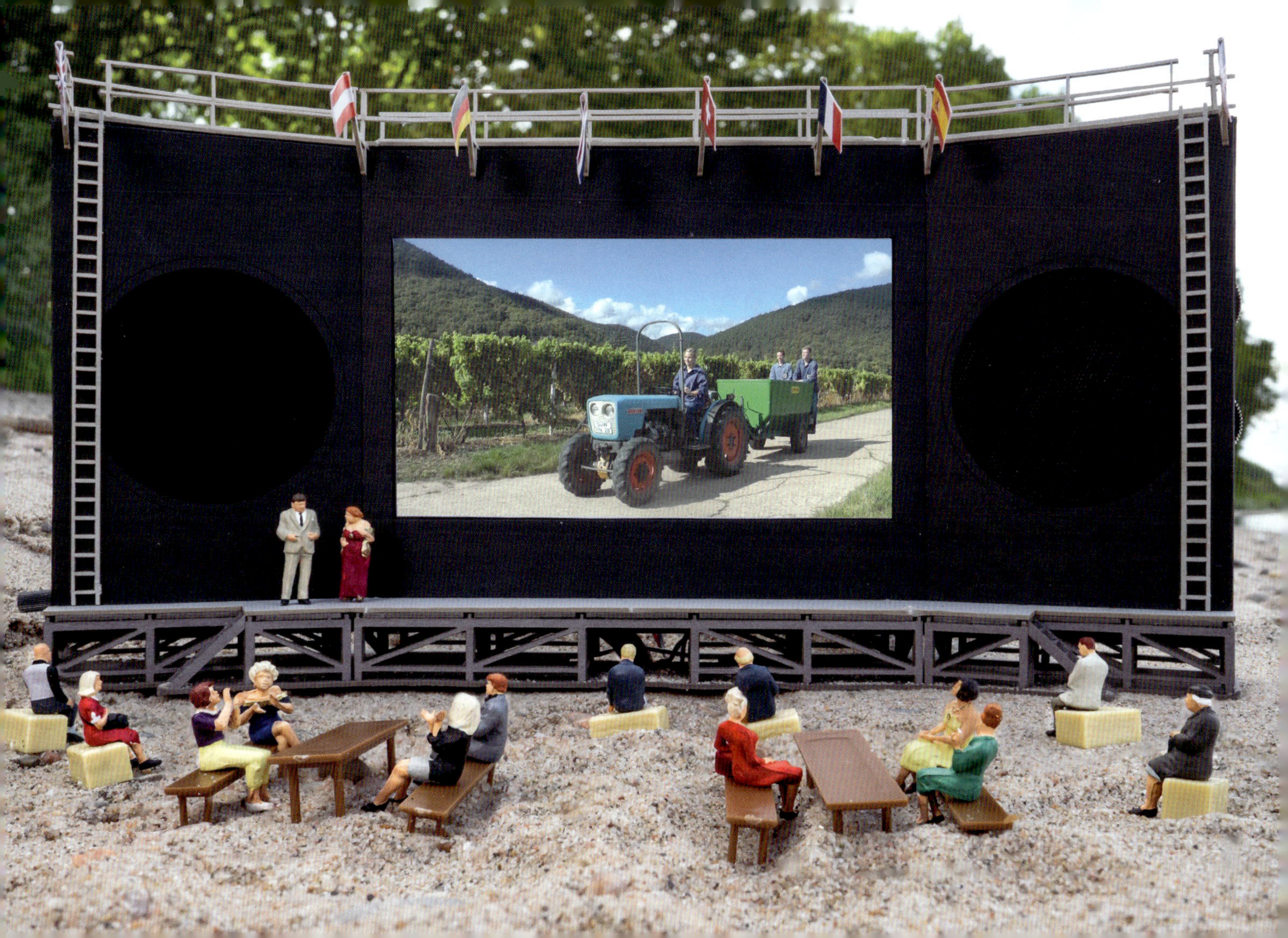

Die tickende Zeitbombe

Die Vorderpfalz gilt als das größte Freilandgemüse-Anbaugebiet in Deutschland. Eine Besonderheit stellt hierbei das Bewässerungssystem dar. Dieses liefert in einem 600 km langen Verteilernetz Wasser aus dem Altrhein, welches der Bewässerung des Gemüseanbaus dient. Auf diese Weise kann der erhöhte Wasserbedarf in der Landwirtschaft grundwasserschonend gedeckt werden.

Beim Fotografieren des Sprinklers hatte ich allerdings stets Bedenken, dass dieser plötzlich anspringen und mein Fotoequipment beschädigen könnte. Etwa so muss es sich wohl anfühlen, an einer tickenden Zeitbombe zu arbeiten.

R.C.
FARM

27 **GRUMBEER ERNTE** • Ormsheimerhof Frankenthal

Das Strohhutfest

Die Frankenthaler Innenstadt verwandelt sich jedes Jahr im Frühsommer in eine riesige Partymeile. Zum Strohhutfest, einem der größten Straßenfeste der Pfalz, strömen rund 250.000 Besucher aus Frankenthal und der Region ins Stadtzentrum, um gemeinsam zu feiern. Das Fest hat für die Frankenthaler Kultstatus. Ein Accessoire darf dabei natürlich nie fehlen: Der Strohhut.

29 TRAUBENQUETSCHER • Zellertal

33 **PERFEKTES DUO** • Pfalztheater Kaiserslautern

34-16

34 ÜBUNG MACHT DEN MEISTER • Fritz-Walter-Stadion Kaiserslautern

Die schönsten Kurven der Pfalz

Der Pfälzerwald begeistert mit seinen abwechslungsreichen Pfaden nicht nur den Wanderer. Mit seinen schönen Kurven lässt er auch die Herzen aller Motorradfahrer höher schlagen.

Auch einer meiner Freunde fährt regelmäßig mit dem Motorrad durch den Pfälzerwald. So hat er bei diesem Motiv als kurvenkratzender Hintergrundakteur mitgewirkt. Nachdem ich das Fotoshooting mit ihm und seinem Bike erfolgreich vollendet habe, wollte ich unbedingt von ihm wissen, was ihn denn am Motorradfahren reize, worauf er mir Folgendes antwortete: „Es ist das Gefühl der Freiheit und der Beschleunigung. Den Wind zu spüren und die Reise zu genießen.“

37 LETZTE ABFAHRT • Almersberg Annweiler

41 **WALDKÄFERJAGD** • Klein Frankreich Erlenbach bei Dahn

47 ALTLASTEN • Area 1 Fischbach bei Dahn

Der Lost Place

Die Area 1 ist ein ehemaliges NATO-Sonderwaffenlager aus der Zeit des Kalten Krieges, in dem vermutlich auch Atomwaffen gelagert wurden. Heute hat sich die Natur das Gelände längst zurückerobert und es ist darüber hinaus frei zugänglich.

Das konnte ich mir nicht entgehen lassen und begab mich mit einem guten Freund auf das Gelände, um dort ein Stück Geschichte hautnah zu erleben. Neben einem Munitionsdepot konnten wir sogar das Innere des Wachgebäudes erkunden.

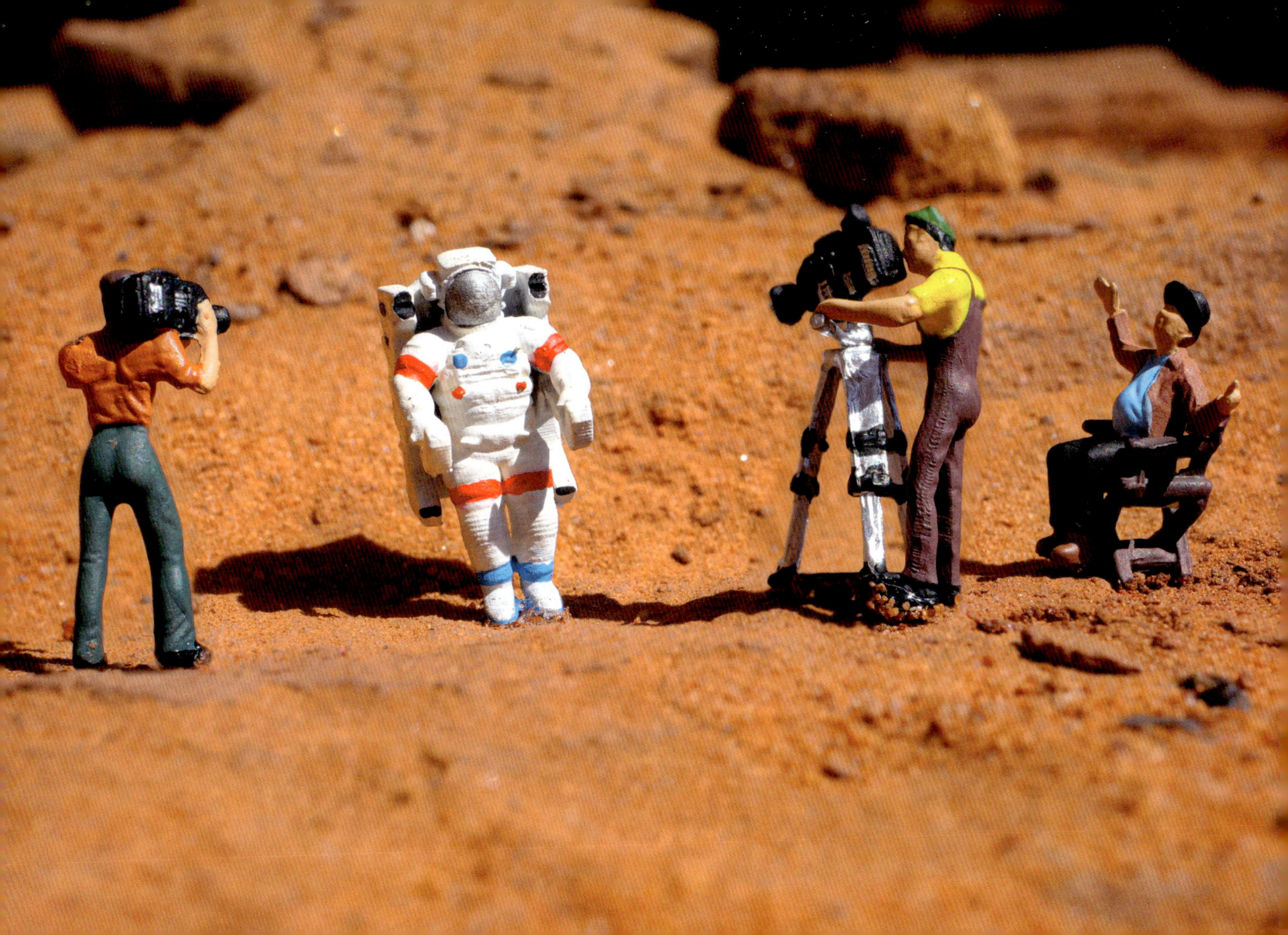

ROSE
FRANZISKA ROSE
Gärtnerei

51 **WAGHALSIGER RAFTINGTRIP** • Elendsklamm Bruchmühlbach-Miesau

53 **FOLGE DER MUSIK** • Preußensteig Thallichtenberg

Die Pfälzer Wandermusikanten

Der Landkreis um das Städtchen Kusel wird Musikantenland genannt, was auf die Tradition des Wandermusikantentums zurückgeht.
Dies war ein Wandergewerbe, dessen Blütezeit zwischen 1850 und dem Ersten Weltkrieg lag. In jener Zeit zogen mehrere tausend Musiker aus der Westpfalz durch die Welt und verdienten den Lebensunterhalt für sich und ihre Familien. Die Musik brachte Wohlstand in die einst verarmte Region. Viele Musiker kehrten, teilweise nach jahrelanger Abwesenheit, als wohlhabende Männer zurück. An diese einzigartige Tradition erinnert das Musikantenlandmuseum in der Burg Lichtenberg, die im Hintergrund zu sehen ist.

Problematisch erwies sich bei diesem Motiv das Fotografieren der Musikantenfiguren, welche ich auf einem, wie sich dann herausstellte, recht hohen Wegweiser platzieren wollte. Ohne Leiter oder einem weltrekordverdächtig langem Arm ging da gar nichts!
Ausgestattet mit der entsprechenden Ausrüstung gelang es mir schließlich im zweiten Anlauf, die Miniaturszene auf dem Wegweiser erfolgreich umzusetzen.

103

Hinter den Kulissen von Little Pfalz

Miniaturfiguren im Repertoire
896

Gewanderte Kilometer
293

Gefahrene Kilometer
3715

Erstellte Rohbilder
14 182

GH5
LUMIX

NOCH

Pfalz
LUDWIGSHAFEN
MANNHEIM
SPEYER

Webseite & Onlineshop
www.littlefotografie.de

Soziale Medien
littlepfalz

E-Mail
kontakt@littlefotografie.de

Erste Auflage 2021

www.littlefotografie.de/impressum
kontakt@littlefotografie.de

Konzeption, Layout und Texte: Benedikt Hild
Miniaturfotografien: © Benedikt Hild, 2019 - 2021
Abgebildete Landkarte (S.5) © Printmaps.net / OSM Contributors

Gedruckt und gebunden in Deutschland.

ISBN: 978-3-9822289-2-1